GEBT DEN KINDERN DAS KOMMANDO!

HAND AUFS HERZ: Wer unter uns Eltern lebt nicht in ständiger Sorge um die Kinder – dass sie sich genug bewegen, dass sie sich für mehr als Playstation, youTube, die neuesten DVDs von Lady GaGa o. ä. interessieren, und vor allem, dass sie gut genährt und gut ernährt sind. Da macht es natürlich Freude, wenn die Kids auch mal die Nase in die Küche und den Rührlöffel in den Kochtopf stecken – bei unseren Rezepten ein Kinderspiel. Führen wir die Kids heran an den guten Geschmack und zeigen ihnen, wie man spielend leicht lernt, Essen schmackhaft zuzubereiten – denn, um eine bekannte Sterneköchin umgekehrt zu zitieren: Wer gern isst, kann auch kochen! Also dann, ran an die Buletten und was wir sonst noch an Rezepten zu bieten haben! Soll keiner sagen, er sei nicht dabei gewesen.

Ihre Redaktion »essen & trinken Für jeden Tag«

Mexikanische Hackrolle

Messer und Gabel sind eine feine Sache. Aber manchmal macht essen mit Fingern erst so richtig Spaß – wie zum Beispiel bei dieser Hackrolle

Für 4 Stück:

- 1 Schalotte
- 2 El Öl
- 300 g gemischtes Hack
- 1 Tl Tomatenmark
- Salz
- Pfeffer
- edelsüßes Paprikapulver
- 1 El gehackte Petersilie
- 4 Kopfsalatblätter
- 1 Möhre (ca. 80 g)
- 4 Tortilla-Fladen (Fertigprodukt)
- 4 El Kräuterfrischkäse

1 Schalotte fein würfeln. Öl in einer Pfanne erhitzen und das Hack bei starker Hitze 4–5 Min. rundherum braun anbraten. Schalotten und Tomatenmark zugeben und kurz mitbraten. Mit Salz, Pfeffer und Paprikapulver würzen. Petersilie untermischen.

2 Salatblätter waschen und den Strunk entfernen. Möhre schälen und in dünne Stifte schneiden oder raspeln.

3 Tortilla-Fladen mit je 1 El Kräuterfrischkäse bestreichen. Die Salatblätter, Möhren und Hack darauf verteilen. Die Fladen einrollen und lauwarm servieren.

* **Zubereitungszeit:** 30 Minuten
Pro Stück: 21 g E, 26 g F, 30 g KH = 448 kcal (1876 kJ)

GEROLLTER LECKERBISSEN
Beim Belegen der Tortilla-Fladen rundum einen 2 cm breiten Rand frei lassen, damit die Füllung beim Aufrollen nicht herausfällt.

Chickenburger

Die „geflügelte“ Alternative zum üppigen, fett- und kalorienreichen Standard-Hamburger: leichter, gesünder und viel leckerer

Für 4 Portionen: 1 500 g **Hähnchenbrustfilet** fein würfeln, in der Moulinette hacken. Mit 1 El **Semmelbrösel**, 1 **Ei** (Kl. M), 1 gehackten **Knoblauchzehe** und 1 in Ringe geschnittenen **Frühlingszwiebel** mischen. Salzen und pfeffern und zu 4 Burgern formen. **2** Die Burger in einer leicht gefetteten Grillpfanne von beiden Seiten bei starker Hitze anbraten, Hitze reduzieren und die Burger unter einmaligem Wenden weitere 4 Min. von jeder Seite garen. 4 halbierte **Hamburgerbrötchen** unter dem Grill toasten. **3** Die Burger mit 1 Scheibe **Tomate**, etwas **Salat**, **Senf** und **Curryketchup** auf den Brötchen servieren. Dazu passen Kartoffelchips.

*** Zubereitungszeit:** 30 Minuten **Pro Portion:** 36 g E, 6 g F, 29 g KH = 324 kcal (1354 kJ)

Würstchenragout

Hier ist alles drin, was Kinder mögen: Würstchen, Kartoffeln, Möhrchen – und das alles in einer milden Sauce

Für 4 Portionen: 1 400 g **Wiener Würstchen** schräg in 2 cm breite Scheiben schneiden. 500 g **Kartoffeln** und 250 g **Möhren** schälen, grob würfeln und in einem Topf mit 600 ml **Gemüsebrühe** 12–15 Min. kochen. 250 ml **Béchamelsauce** (Tetrapak) dazugeben und aufkochen lassen. **2** Auf mittlere Hitze zurückschalten und die Wurst zu den Kartoffeln geben. 5 Min. köcheln lassen, dabei gelegentlich umrühren. Mit Salz, Pfeffer und 1–2 El **Zitronensaft** abschmecken. ½ Bund **krause Petersilie** hacken und unter das Ragout heben.

* **Zubereitungszeit:** 35 Minuten **Pro Portion:** 19 g E, 40 g F, 18 g KH = 506 kcal (2128 kJ)

Huhn-Crunchies

Ganz oben auf der kulinarischen Hitliste: Der Dip mit Mais und Erbsen bringt Farbe ins Spiel, Cornflakes sorgen für knusprige Panierung

Für 2 Portionen:
300 g Hähnchenbrustfilet
Salz
Pfeffer
edelsüßes Paprikapulver
ca. 80 g Cornflakes
5 El Mehl
2 Eier (Kl. M)
4 El Butterschmalz
100 g TK-Erbsen
3 El Salatmayonnaise
100 g Vollmilchjoghurt
Zucker
100 g Mais (Dose)
5 El Schnittlauchröllchen

1 Hähnchenfleisch in 3 cm große Würfel schneiden, mit etwas Salz, Pfeffer und Paprikapulver würzen. Cornflakes grob zerdrücken. Fleisch zuerst im Mehl, dann in den verquirlten Eiern und dann in den Cornflakes wenden. Die Panierung gut andrücken.

2 Butterschmalz in einer beschichteten Pfanne erhitzen. Fleisch darin rundherum kurz anbraten, dann die Huhn-Crunchies auf ein Blech legen. Im vorgeheizten Ofen bei 200 Grad (Umluft 180 Grad) auf der 2. Schiene von unten weitere 10 Min. braten.

3 Erbsen 1 Min. in kochendem Wasser garen, abschrecken und gut abtropfen lassen. Mayonnaise, Joghurt, etwas Salz, Pfeffer und 1 Prise Zucker verrühren. Erbsen, Mais und Schnittlauch unterrühren. Zu den Hähnchenwürfeln servieren.

* **Zubereitungszeit:** 30 Minuten
Pro Portion: 51 g E, 42 g F, 64 g KH = 846 kcal (3543 kJ)

VON WEGEN FETTIG

Paniertes muss nicht mit viel Fett in der Pfanne schwimmen. Es reicht, das Gargut kurz in einer beschichteten Pfanne in wenig Fett knusprig anzubraten. Zum Fertiggaren geht es auf ein Blech in den Ofen – so kann sich die Panierung erst gar nicht mit Fett vollsaugen.

Echte Limo

Für 4–6 Portionen:
250 ml **Zitronensaft** oder Limettensaft (oder eine Mischung aus beiden) mit 175–200 g Zucker so lange verrühren, bis sich der Zucker aufgelöst hat. Mit 0,7 l kaltem **Mineralwasser** auffüllen. Mit **Limettenscheiben** und **Eiswürfeln** servieren.

Süßes Spiegelei

Täuschend echt scheint dieses Spiegelei auf Brot. Beim Probieren werden Sie sich aber fragen, ob die Henne auf Abwegen war…

Für 4 Portionen: 1 4 **Pfirsichhälften** (à 60 g, Dose) in einem Sieb abtropfen lassen, Saft dabei auffangen. 150 ml **Schlagsahne** und 1 Pk. **Vanillezucker** steif schlagen. 250 g **Magerquark**, 1 El **Zucker** und 4 El Pfirsichsaft verrühren, Sahne unterheben. **2** 4 Scheiben **Rosinenbrot** im Toaster hellbraun rösten. Quark daraufgeben und je 1 Pfirsichhälfte daraufsetzen. Mit 1 El gehackten **Pistazien** bestreuen.

* **Zubereitungszeit:** 20 Minuten **Pro Portion:** 10 g E, 15 g F, 53 g KH = 395 kcal (1656 kJ)

Bananenpfannkuchen

Keine Ausreden mehr! Der Bananenpfannkuchen ist so leicht zu machen, dass selbst erste Kochversuche von Erfolg gekrönt sein werden

Für 16 Stück:

- 200 ml Orangensaft (frisch gepresst)
- 100 ml Ahornsirup
- 3 reife Bananen (à 180 g)
- 3 El Zitronensaft
- 200 g Mehl
- 3 gestrichene Tl Backpulver
- 1 Pk. Vanillezucker
- Salz
- 200 ml Milch
- 4 Eier (Kl. M)
- 3 El Butterschmalz

1 Orangensaft und Ahornsirup in einem kleinen Topf aufkochen und bei starker Hitze auf die Hälfte einkochen lassen. Beiseitestellen und abkühlen lassen. Inzwischen die Bananen schälen, in ½ cm dicke Scheiben schneiden und sofort mit Zitronensaft mischen, damit sie sich nicht verfärben.

2 Mehl, Backpulver, Vanillezucker und 1 Prise Salz mischen. Milch und Eier verquirlen, Mehlmischung mit den Quirlen des Handrührers sorgfältig unterrühren.

3 1 El Butterschmalz bei mittlerer Hitze in einer großen Pfanne erhitzen. 5–6 kleine Teigportionen in die Pfanne geben. Auf jede Portion sofort 4–5 Bananenscheiben geben. Pfannkuchen bei mittlerer Hitze 2–3 Min. goldbraun braten, wenden und 1–2 Min. weiterbraten. Herausheben und warm stellen. Restliche Pfannkuchen ebenso braten. Mit der Karamellsauce anrichten.

* **Zubereitungszeit:** 35 Minuten
Pro Stück: 3 g E, 5 g F, 17 g KH = 133 kcal (558 kJ)

Berts Suppe

Unser Ökotrophologe und Rezeptentwickler liebt Ernie und Bert. Und widmet der gelben Sesamstraßenfigur hier eigens eine Suppe

Für 4 Portionen: 1 400 g **Möhren** und 250 g **Pastinaken** putzen, schälen und in 1 cm große Scheiben bzw. Stücke schneiden. 1 l **Geflügelbrühe** aufkochen, Möhren und Pastinaken zugeben und zugedeckt 10 Min. kochen lassen. **2** 250 g **Lauch** putzen, waschen und in ½ cm dicke Ringe schneiden. Nach 5 Min. in die Suppe geben, aufkochen und alles zusammen zu Ende garen. Inzwischen die Blätter von ½ Bund **glatter Petersilie** abzupfen und hacken. **3** 200 g **Geflügelwürstchen** in Scheiben schneiden, in der Suppe erwärmen und mit Salz und Pfeffer würzen. Mit Petersilie bestreut servieren. **Tipp:** Wer keine Pastinaken mag oder bekommt, nimmt Kartoffeln.

* **Zubereitungszeit:** 30 Minuten **Pro Portion:** 9 g E, 10 g F, 6 g KH = 157 kcal (653 kJ)

Raspeltaschen

Feiern muss nicht ungesund sein. Mit Raspeltaschen verwöhnen Sie die Kleinen und sorgen gleichzeitig für gesunde Ernährung

Für 8 Portionen: 1 2 kleine **Fladenbrote** (à ca. 200 g) im vorgeheizten Ofen bei 220 Grad (Umluft 200 Grad) auf der mittleren Schiene 5 Min. aufbacken. Die Brote abkühlen lassen und jeweils vierteln. Jedes Viertel von der Spitze zum Rand quer einschneiden, aber nicht durchschneiden. **2** 80 g **Weißkohl** putzen und in sehr feine Streifen schneiden oder hobeln. 2 **Frühlingszwiebeln** in feine Ringe schneiden. 80 g **Möhren** schälen und grob raspeln, 80 g **Zucchini** grob raspeln. Alles mischen und leicht mit Salz und Pfeffer würzen. 1 **Tomate** halbieren, Stielansatz herausschneiden und die Tomate in Scheiben schneiden. **3** 200 g **Doppelrahmfrischkäse** mit einem Löffel cremig rühren. Die Innenseiten der Brote mit Frischkäse bestreichen und mit dem Gemüse füllen.

* **Zubereitungszeit:** 25 Minuten **Pro Portion:** 6 g E, 8 g F, 26 g KH = 210 kcal (880 kJ)

Knusperhähnchen

Kinder lieben bekanntlich Hähnchen. Und Cornflakes. Grund genug, die beiden Leckereien miteinander bekannt zu machen

Für 4 Portionen:

1 kg Hähnchenunterkeulen
6 El Ketchup
5 El Honig
2 El Sojasauce
2 El Limettensaft
Salz
Pfeffer
50 g Cornflakes
2 Römersalatherzen
1 rote Paprikaschote
150 g Vollmilchjoghurt

1 Hähnchenunterkeulen waschen und trockentupfen. 5 El Ketchup, Honig, Sojasauce und Limettensaft mischen und mit Salz und Pfeffer abschmecken. Hähnchenkeulen und Marinade mischen und 1 Std. kalt stellen.

2 Eine Auflaufform fetten. Das Fleisch hineinlegen, mit der Marinade begießen und im vorgeheizten Ofen bei 190 Grad auf der mittleren Schiene so lange backen (ca. 1 Std.), bis die Marinade karamellisiert (Umluft nicht empfehlenswert). Aus dem Ofen nehmen und die Keulen mit den grob zerdrückten Cornflakes bestreuen. **Achtung:** Keulen lauwarm abkühlen lassen, da man sich sonst leicht die Finger verbrennen kann!

3 Römersalatherzen waschen und zerteilen. Paprika waschen, putzen und in Streifen schneiden. Joghurt mit 1 El Ketchup verrühren, mit Salz und Pfeffer würzen und zum Salat servieren.

* **Zubereitungszeit:** 1:10 Stunden (plus Marinierzeit)
Pro Portion: 36 g E, 22 g F, 33 g KH = 477 kcal (1995 kJ)

Heidelbeer-Omelett

Es lebe die blaue Aromaperle: Mit diesem simplen Rezept kommen Blaubeer-, Bickbeer- und Heidelbeerliebhaber voll auf ihre Kosten

Für 2 Portionen: 1 200 g **Heidelbeeren** verlesen. 2 El **Zucker**, 3 El **Zitronensaft** und 4 El Wasser aufkochen. Beeren zugeben, aufkochen und von der Herdplatte nehmen. **2** 1 **Eiweiß** (Kl. M) und 1 Prise Salz mit den Quirlen des Handrührers steif schlagen. 2 El **Zucker** zugeben, 2 Min. weiterschlagen. In einer anderen Schüssel 2 **Eigelb** (Kl. M), 1 El **Zucker**, 1 Prise Salz und ½ Tl abgeriebene **Bio-Zitronenschale** mind. 5 Min. sehr cremig schlagen. Eigelbmasse unter den Eischnee heben. 2 El **Mehl** zugeben, vorsichtig unterheben. **3** 1 Tl **Butter** in einer beschichteten Pfanne (15 cm Ø) zerlassen, die Hälfte der Eimasse hineingeben und glatt streichen. Im vorgeheizten Ofen bei 200 Grad (Umluft 180 Grad) auf der 2. Schiene von unten 5–7 Min. backen. Vorsichtig auf einen Teller stürzen. Den restlichen Teig ebenso backen. Beeren auf die Omeletts geben, halb überklappen und mit **Puderzucker** bestäuben. Dazu passt Vanilleeis.

* **Zubereitungszeit:** 30 Minuten **Pro Portion:** 7 g E, 14 g F, 73 g KH = 474 kcal (1987 kJ)

Joghurteis am Stiel

Da kann Mini-Milk einpacken: Unsere gefrorenen Sauerrahmzwerge schmecken einfach göttlich – also immer reichlich auf Vorrat haben!

Für 16 Stück: 1 1 Tl abgeriebene **Bio-Zitronenschale**, 3 El **Zitronensaft**, 150 g **Vollmilchjoghurt**, 150 g **saure Sahne**, 50 g **Puderzucker** und 1 Pk. **Vanillinzucker** verrühren. 200 ml **Schlagsahne** steif schlagen und unter die Joghurtmasse heben. **2** In 16 kleine Plastikschnapsgläser (à 4 cl Inhalt) füllen. In jeden Becher eine Pommesgabel aus Holz stecken und über Nacht einfrieren. Eis vorsichtig aus den Bechern lösen, dazu evtl. die Becher kurz in heißes Wasser tauchen. Mit verschiedenen **Fruchtsaucen** aus der Flasche servieren.

* **Zubereitungszeit:** 15 Minuten (plus Gefrierzeit)
Pro Stück: 1 g E, 6 g F, 5 g KH = 82 kcal (342 kJ)

Apfelpfannkuchen

Der Kinder-Klassiker im XXL-Format vom Blech eignet sich hervorragend für den Kindergeburtstag

Für 4–6 Portionen:

4 Eier (Kl. M)
400 ml Milch
300 g Mehl
1 Tl Backpulver
Salz
4 El Zucker
3 rote Äpfel (à 170 g)
4 El Zitronensaft
4 El Butterschmalz
1 Tl Zimt
Puderzucker zum Bestäuben

1 Eier trennen, Eigelbe und Milch verrühren. Mehl und Backpulver mischen, in die Eiermilch geben und unterrühren. Eiweiße und 1 Prise Salz steif schlagen, dabei den Zucker esslöffelweise zugeben. Eischnee mit einem Schneebesen unter den Teig heben.

2 Ein Backblech bei 220 Grad auf der 2. Schiene von unten vorheizen. Inzwischen Äpfel waschen, vierteln, entkernen, in Spalten schneiden und sofort mit Zitronensaft mischen.

3 Butterschmalz in einer Pfanne zerlassen, Zimt unterrühren. Die Hälfte auf das heiße Blech streichen. Äpfel kurz in einem Sieb abtropfen lassen und mit dem restlichen Butterschmalz mischen.

4 Teig auf das Blech gießen, die Äpfel darauf verteilen. Im vorgeheizten Ofen bei 220 Grad (Umluft 200 Grad) auf der 2. Schiene von unten 20 Min. backen. Pfannkuchen herausnehmen und mit Puderzucker bestäuben.

* **Zubereitungszeit:** 35 Minuten
Pro Portion (bei 6): 12 g E, 17 g F, 65 g KH = 472 kcal (1978 kJ)

Schoko-Creme

Ihr Kind wird in der Schule eine Pausensemmel-Tauschbörse eröffnen können. Denn dieser selbst gemachte Brotaufstrich ist unschlagbar

Für ca. 450 ml: 1 100 g **Zartbitterschokolade** hacken und im heißen Wasserbad schmelzen. 150 g weiche **Butter** in Stücken dazugeben und mit einem Schneebesen unterrühren. 200 ml **gezuckerte Kondensmilch** und 3 Tropfen **Vanillearoma** unterrühren. **2** 40 g **gemahlene Mandeln** unter die Schokoladencreme mischen. **3** In ein sterilisiertes Schraubdeckelglas (ca. 500 ml Inhalt) füllen und im Kühlschrank aufbewahren. Haltbarkeit: ca. 2 Wochen.

* **Zubereitungszeit:** 10 Minuten **Pro 100 ml:** 7 g E, 43 g F, 34 g KH = 555 kcal (2328 kJ)

Spaghetti-Tortilla

Ein genialer kulinarischer Doppelschlag: Hier werden die Vorzüge der Pasta mit denen der Eier perfekt verbunden

Für 2 Portionen: 1 150 g **Spaghetti** in reichlich kochendem Salzwasser nach Packungsanweisung garen, abgießen und gut abtropfen lassen. 1 kleine **Zucchini** (150 g) in Scheiben schneiden und mit 2 El **Öl** in eine beschichtete Pfanne geben. 2 El **TK-Erbsen** und 50 g gewürfelte **Cabanossi** mit den Nudeln mischen und in die Pfanne geben. **2** 4 **Eier** (Kl. M) mit 4 El **Schlagsahne** und 50 g geriebenem **Parmesan** verquirlen, gleichmäßig über den Nudeln verteilen. Bei milder Hitze 8–10 Min. zugedeckt garen, wenden und weitere 3–5 Min. garen.

* **Zubereitungszeit:** 30 Minuten **Pro Portion:** 40 g E, 52 g F, 57 g KH = 846 kcal (3547 kJ)

Eierpüree

Und hier unser Zeitspar-Trick: Ganz schnell geht es mit Kartoffelpüree aus der Tüte, das mit halb Milch, halb Sahne angerührt wird

Für 2 Portionen:

- 600 g mehligkochende Kartoffeln
- Salz
- 125 ml Milch
- 1 El Butter
- Pfeffer
- Muskat
- 1 Bund Schnittlauch
- 30 g Röstzwiebeln
- 4 Eier (Kl. S)
- 50 g geriebener Gouda

1 Kartoffeln schälen, waschen, vierteln, in kochendem Salzwasser zugedeckt 20 Min. garen. Milch mit Butter, etwas Salz, Pfeffer und Muskat erwärmen. ¾ des Schnittlauchs in feine Röllchen schneiden. Kartoffeln abgießen, im Topf offen auf der ausgeschalteten Herdplatte ausdampfen lassen.

2 Durch eine Kartoffelpresse drücken oder fein zerstampfen. Die heiße Milchmischung nach und nach mit einem Kochlöffel unterrühren. Mit Salz, Pfeffer und Muskat würzen. Schnittlauchröllchen und Röstzwiebeln unterheben. In 2 gefettete Auflaufformen (à 15 x 15 cm) oder 1 Auflaufform (ca. 30 cm Länge) streichen. Mit einem Löffelrücken 4 Mulden hineindrücken. Eier hineinschlagen und mit dem Käse bestreuen.

3 Im vorgeheizten Ofen bei 200 Grad auf der 2. Schiene von unten 22–25 Min. backen (Umluft nicht empfehlenswert). Übrigen Schnittlauch in lange Röllchen schneiden, mit etwas Salz und Pfeffer über den Auflauf streuen.

* **Zubereitungszeit:** 55 Minuten
Pro Portion: 29 g E, 36 g F, 39 g KH = 602 kcal (2525 kJ)

Bratwurstspieße

Einen sensationellen Auftritt kann eine einfache Bratwurst haben – wenn Sie sie mit Pilzen und Paprika veredeln

Für 2 Portionen (4 Spieße): 1 1 **rote Papikaschote** (160 g) vierteln und entkernen, jedes Viertel in 3 Stücke schneiden. 2 **gebrühte Bratwürste** (à 100 g) in dicke Stücke schneiden. 1 etwas dickere Scheibe **geräucherten**, **durchwachsenen Speck** (50 g) in Stücke schneiden. Die Blätter von 3 Stielen **Thymian** zupfen. 12 **Champignons** (ca. 100 g) putzen. **2** Abwechselnd Wurst, Champignons, Paprika und Speck auf Spieße stecken. Bei mittlerer Hitze in 3 El **Öl** in 8–10 Min. knusprig braten. In der letzten Minute Thymianblättchen zugeben, alles mit Salz und Pfeffer abschmecken.

* **Zubereitungszeit:** 40 Minuten **Pro Portion:** 18 g E, 33 g F, 3 g KH = 373 kcal (1563 kJ)

Puten-Involtini

Solch zierlich zarte Delikatessen, dass das Wort Rouladen schon ein bisschen zu grob wäre

Für 2 Portionen: 1 4 kleine **Putenschnitzel** (à 80 g) zwischen Klarsichtfolie flach klopfen. Leicht salzen und pfeffern. Mit je 1 Scheibe **luftgetrocknetem Schinken** belegen und mit jeweils 1 El geraspeltem **Gouda** bestreuen. Fleisch aufrollen und mit Holzstäbchen zusammenstecken. **2** 1 El **Öl** und 20 g **Butter** erhitzen und die Involtini darin von allen Seiten bei mittlerer Hitze in 3–4 Min. goldbraun braten. 100 ml **Geflügelfond** zugießen und 10 **Kirschtomaten** zugeben, weitere 2 Min. garen.

* **Zubereitungszeit:** 30 Minuten **Pro Portion:** 49 g E, 22 g F, 1 g KH = 404 kcal (1689 kJ)

Knollenkeulen

Her mit den Hühnern: serviert mit knusprigen Kartoffelschnitzen aus dem Ofen, gewürzt mit Honig, Zitrone, Paprikapulver und Sesam

Für 2 Portionen:

300 g mittelgroße Kartoffeln
Salz
3 El Öl
2 kleine Hähnchenkeulen (à 200 g)
½ Tl edelsüßes Paprikapulver
1 El Zitronensaft
Pfeffer
1 El flüssiger Honig
1 Tl Sesamsaat

1 Kartoffeln gründlich waschen und längs vierteln. In einer Schüssel mit etwas Salz und 1 El Öl mischen. Kartoffeln auf einem mit Backpapier ausgelegten Blech verteilen. Im vorgeheizten Ofen bei 220 Grad (Umluft 200 Grad) auf der 2. Schiene von unten 40 Min. backen.

2 Inzwischen die Keulen abspülen, trockentupfen und im Gelenk auseinanderschneiden. Paprikapulver, Zitronensaft, etwas Pfeffer und Salz verrühren. Honig und 2 El Öl untermischen, die Keulenteile damit rundherum bestreichen.

3 Fleisch auf einem Rost über den Kartoffeln 30 Min. mitgaren. Sesam in einer Pfanne ohne Fett rösten und über das Fleisch streuen.

* **Zubereitungszeit:** 45 Minuten
Pro Portion: 28 g E, 32 g F, 21 g KH = 488 kcal (2041 kJ)

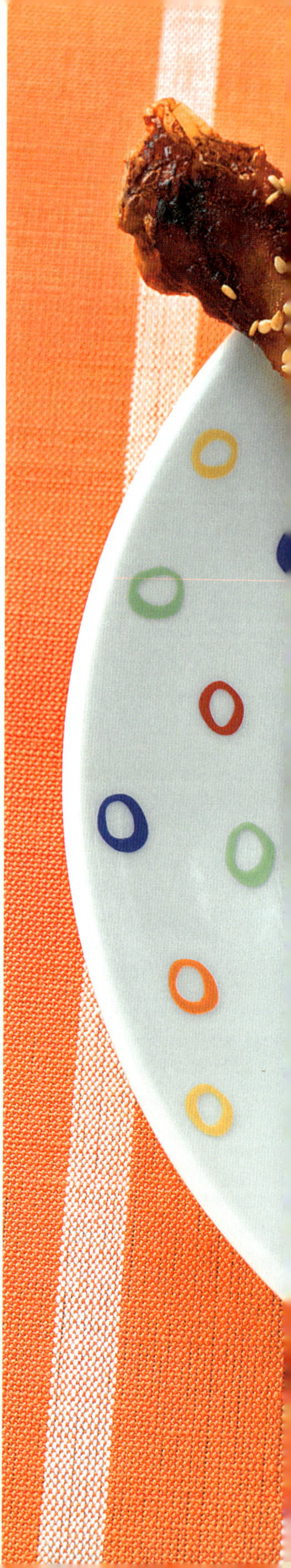

Königsspaghetti

Ein wenig erinnert diese Pasta an Königsberger Klopse. Doch statt säuerlicher Kapern gibt es für die Kids süße grüne Erbsen!

Für 2 Portionen: 1 Aus 200 g gewürztem **Mett** mit geölten Händen 20 kleine Bällchen formen. In einem kleinen Topf 400 ml **Gemüsebrühe** aufkochen, Fleischbällchen hineinlegen und bei milder Hitze 5 Min. gar ziehen lassen. Bällchen herausheben und Brühe beiseitestellen.
2 1 **Zwiebel** fein würfeln und in 1 El **Öl** glasig dünsten. Mit 2 Tl **Mehl** bestäuben und kurz weiterdünsten. Brühe durch ein Sieb dazugießen, aufkochen und bei milder Hitze 10 Min. offen köcheln lassen.
3 Inzwischen 150 g **Spaghetti** in reichlich kochendem Salzwasser nach Packungsanweisung garen. 5 El **Schlagsahne** in die Brühe geben und 1 Ecke **Schmelzkäse** (62,5 g) darin schmelzen lassen. 100 g **TK-Erbsen** und die Mettbällchen in die Sauce geben und erhitzen. Mit Salz und Pfeffer würzen. Mit 2 El **Schnittlauchröllchen** und den abgetropften Spaghetti mischen.

* **Zubereitungszeit:** 30 Minuten **Pro Portion:** 37 g E, 41 g F, 68 g KH = 798 kcal (3335 kJ)

Bunter Putenspieß

Mit Essen spielt man nicht. Etwas Basteln ist bei diesen Leckerbissen jedoch durchaus erlaubt

Für 2 Portionen: 1 1 **Frühlingszwiebel** putzen und das Weiße und Hellgrüne in feine Ringe schneiden. 2 reife **Tomaten** halbieren, entkernen und klein würfeln. Tomaten, 2 El **Ketchup**, Frühlingszwiebeln und 3 El **Maiskörner** (Dose) mischen, mit Salz und Pfeffer würzen. **2** 200 g schlanke **Zucchini** in 2 cm dicke Scheiben schneiden. ½ **gelbe Paprikaschote** putzen und in 2 cm große Stücke schneiden. 200 g **Putenbrust** in 2 cm große Würfel schneiden. Zucchini, Paprika und Putenfleisch abwechselnd auf Holzspieße stecken, rundherum salzen und pfeffern. **3** 1 El **Öl** in einer beschichteten Pfanne erhitzen, Spieße darin 10 Min. rundherum goldbraun braten. Mit der Tomaten-Salsa servieren.

* **Zubereitungszeit:** 35 Minuten **Pro Portion:** 27 g E, 7 g F, 13 g KH = 234 kcal (980 kJ)

Schnitzelturm

Sieht toll aus und schmeckt auch so. Wundern Sie sich nicht, wenn Ihr Kind als Lieblingsessen „Schnitzelturm“ ins Poesiealbum schreibt

Für 2–4 Portionen:

- 3 große Tomaten (à 180 g)
- 125 g junger Gouda
- 8 kleine Schweineschnitzel (à 40 g)
- Salz
- Pfeffer
- Mehl zum Wenden
- 2 El Butterschmalz (oder Sonnenblumenöl)

1 Tomaten in Scheiben schneiden. Den Käse grob reiben.

2 Schnitzel flach klopfen, salzen, pfeffern und in etwas Mehl wenden. Überschüssiges Mehl abklopfen.

3 Butterschmalz in einer Pfanne erhitzen und die Schnitzel darin von jeder Seite ½ Min. braten.

4 Tomaten mit Salz und Pfeffer würzen. Schnitzel mit Tomatenscheiben belegen und mit Käse bestreuen. In 2 oder 4 Lagen aufeinandersetzen und in eine Pfanne legen.

5 Schaschlikspieße durch die Schnitzeltürme stecken, damit sie nicht einstürzen. Pfanne in den vorgeheizten Ofen stellen und bei 190 Grad (Umluft 170 Grad) auf der mittleren Schiene 5 Min. backen.

* **Zubereitungszeit:** 25 Minuten
Pro Portion (bei 4): 27 g E, 18 g F, 6 g KH = 303 kcal (1270 kJ)

Stockbrot

Unser Tipp für den nächsten Ausflug: ein zünftiges Lagerfeuer machen und Stockbrote am offenen Feuer rösten!

Für 6–8 Portionen: 1 350 g **Backmischung für Pizzateig** nach Packungsanweisung zubereiten und mit 2 Tl getrocknetem **Oregano** und 30 g geriebenem **ital. Hartkäse** verkneten. Zugedeckt gehen lassen. Teig nochmals gut durchkneten. In 6–8 gleich große Stücke teilen. Zu langen Teigsträngen von 20 cm Länge formen.

Lange, feste Stöcke (oder Laternenstöcke) an den Enden mit Alufolie umwickeln. Teigstränge um die Folie wickeln. 2 Stöcke über das heiße Feuer halten und die Teigstücke rösten. Dabei den Stock ab und zu drehen. Mit **Kräuterquark** (Packung) servieren.

* **Zubereitungszeit:** 30 Minuten (plus Zeit zum Gehen des Teigs)
Pro Portion (bei 6): 6 g E, 14 g F, 31 g KH = 276 kcal (1153 kJ)

Nudeln mit Tomatenbröseln

Wie fast alle Kinder liebt auch Pippi Langstrumpf Spaghetti. Dieses Rezept ist so kinderleicht, dass selbst Herr Nilsson es kochen könnte

Für 2 Portionen: 1 120 g **Nudeln** (z. B. Spaghetti) in reichlich kochendem Salzwasser nach Packungsanweisung garen. In einer Pfanne 3 El **Olivenöl** erhitzen. Bei mittlerer Hitze 30 g **Semmelbrösel** darin knusprig goldbraun rösten. Mit Salz, Pfeffer und **rosenscharfem Paprikapulver** würzen und herausnehmen. **2** 100 g **Kirschtomaten** halbieren. In einer Pfanne 2 El **Olivenöl** erwärmen. Tomaten mit 1 durchgepressten **Knoblauchzehe** darin andünsten und 1 El **Thymianblättchen** dazugeben. Mit Salz und Pfeffer würzen. Nudeln abgießen, gut abtropfen lassen und mit den Tomaten in der Pfanne mischen. Brösel untermengen und sofort servieren.

* **Zubereitungszeit:** 20 Minuten **Pro Portion:** 10 g E, 27 g F, 54 g KH = 496 kcal (2076 kJ)

Gemüsefrikassee

Wer Bounty mag, dem schmeckt bestimmt auch unser Frikassee, das seinen Geschmack von der aromatischen Kokosmilch bekommt

Für 4 Portionen:

200 g Möhren

je 1 rote und gelbe Paprikaschote

1 kleine Zucchini

3 El Öl

4–5 El Sojasauce

Pfeffer

400 ml ungesüßte Kokosmilch

1–2 Tl Currypulver

1 Möhren schälen und in dünne Scheiben schneiden oder hobeln. Paprika putzen, in feine Streifen schneiden. Zucchini putzen, in dünne Scheiben hobeln oder schneiden.

2 Gemüse in einer großen beschichteten Pfanne im heißen Öl 3 Min. unter Rühren bei starker Hitze anbraten. Mit 4 El Sojasauce und etwas Pfeffer würzen. Kokosmilch zugeben, aufkochen und alles zugedeckt bei mittlerer Hitze 5 Min. köcheln lassen. Mit Sojasauce, Curry und Pfeffer nach Geschmack nachwürzen. Dazu passt Reis.

* **Zubereitungszeit:** 30 Minuten
Pro Portion: 4 g E, 25 g F, 7 g KH = 274 kcal (1147 kJ)

Bunte Eiswürfel

Für 4–6 Portionen:
Wasser oder verschiedene **Säfte** (Orange, Apfel, Kirsche, Maracuja etc.) mit **Beeren** (Johannisbeeren, Himbeeren etc.) in Eiswürfelbereiter geben und einfrieren. Als Farbtupfer zur Limonade oder Bowle servieren.

Zauberstäbe

Da können Kinder beim Backen helfen – vor allem beim Verzieren

Für 20–24 Stück: 1 1 Pk. **Fertigbackmischung für Weißbrot** (500 g) und 80 g gehackte **Zartbitterkuvertüre** in eine Schüssel geben, vermischen und nach Packungsanweisung zubereiten. Den Teig auf einer leicht bemehlten Arbeitsfläche zu einem Quadrat von 20 x 20 cm ausrollen. **2** Mit einem leicht angefeuchteten Tuch abdecken und entsprechend der Packungsanweisung gehen lassen. Den Teig in 10–12 Streifen schneiden und diese quer halbieren. Die Teigstreifen auf einer leicht bemehlten Arbeitsfläche mit den Händen zu ca. 30 cm langen Stangen rollen und auf 2 mit Backpapier ausgelegte Bleche legen. **3** Die Stangen dünn mit **Öl** bestreichen und mit 5–6 El **gehackten Mandeln** bestreuen. Im vorgeheizten Ofen bei 220 Grad (Umluft 200 Grad) auf der 2. Schiene von unten 15 Min. backen. Abkühlen lassen und zuerst in 80 g zerlassene **weiße Kuvertüre**, dann in 6 El **Zuckerperlen** tauchen. Auf Backpapier trocknen lassen.

* **Zubereitungszeit:** 1 Stunde (plus Zeit zum Gehen, Abkühlen und Trocknen)
Pro Stück (bei 24): 1 g E, 4 g F, 25 g KH = 136 kcal (576 kJ)

Kicker-Kuchen

Das etwas andere Sonntagsvergnügen: ein grünes Spielfeld zum Reinbeißen. Diesen Kuchen macht Ihnen so schnell keiner nach

Für 10–12 Stücke:
3 Eier (Kl. M, getrennt)
Salz
160 g Zucker
1 Tl abgeriebene Bio-Zitronenschale
1 Tube grüne Lebensmittelfarbe
120 g Mehl
½ Tl Backpulver
500 ml Schlagsahne
2 Pk. Sahnefestiger
200 g Himbeeren
6 El Puderzucker
ca. 100 g Gummibärchen

1 1 Blech (40 x 30 cm) anfeuchten und mit Backpapier auslegen. Eiweiße, 1 Prise Salz und 3 El kaltes Wasser steif schlagen. 120 g Zucker unter Rühren einrieseln lassen und 3 Min. weiterschlagen. Zitronenschale, Farbe und Eigelbe kurz unterrühren. Mehl und Backpulver in 3 Portionen daraufsieben, jeweils unterheben.

2 Den Teig auf das Blech streichen und im vorgeheizten Ofen bei 210 Grad (Umluft 190 Grad) auf der mittleren Schiene 6–7 Min. backen. Biskuit mit Backpapier vom Blech ziehen, auf einem Kuchengitter abkühlen lassen. Papier abziehen und Biskuitplatte quer halbieren.

3 Sahne, 40 g Zucker und Sahnefestiger steif schlagen, Himbeeren unterheben und alles auf eine Biskuitplatte streichen. Die 2. Biskuitplatte vorsichtig daraufsetzen. 1 Std. kalt stellen.

4 Puderzucker mit 2 El Wasser glatt rühren und in einen Einwegspritzbeutel füllen. Die Spitze fein abschneiden und die Linien eines Fußballfelds auf den Kuchen zeichnen. Mit Zuckergusskleckseen Gummibärchen auf das Spielfeld kleben. Aus Zahnstochern und Papier Eckfähnchen basteln und in die Ecken stecken.

* **Zubereitungszeit:** 50 Minuten (plus Kühlzeit)
Pro Stück (bei 12): 4 g E, 14 g F, 32 g KH = 276 kcal (1160 kJ

Farfalle mit Erbsen und Pilzen

Die ganz besonders schnelle Nudel, bei der sich Tomaten, Champignons und Erbsen ein großartiges Aroma-Rendezvous geben

Für 2 Portionen: 1 150 g **Champignons** vierteln. In einem Topf in 1 El **Olivenöl** kräftig anbraten. Salzen und pfeffern. 370 g **gewürzte Tomatensauce** (Tetrapak) und 150 g **TK-Erbsen** dazugeben und 2–3 Min. kochen. **2** 250 g **Farfalle** (oder andere kleine Nudeln) in reichlich kochendem Salzwasser nach Packungsanweisung garen. Abgießen, abtropfen lassen und mit der Sauce und frisch geriebenem **Parmesan** servieren.

* **Zubereitungszeit:** 20 Minuten **Pro Portion:** 24 g E, 20 g F, 102 g KH = 688 kcal (2882 kJ)

Obstsalat mit Quark und Honig

Die erfrischendste Art, sich mittags zu regenerieren: mit viel Obst und ein wenig Magerquark. Und zum Süßen ein Löffel Honig

Für 1 Portion: 1 1 El **gehobelte Mandeln** in einer Pfanne ohne Fett goldbraun rösten. 3 El **Orangensaft** und 2 El **Zitronensaft** verrühren. **2** 1 **Bio-Orange** so schälen, dass die weiße Haut ganz entfernt wird. In ½ cm dicke Scheiben schneiden und zum Saft geben. 1 **Kiwi** schälen, in ½ cm dicke Scheiben schneiden. 1 **Apfel** längs vierteln, entkernen und in 1 cm breite Stücke schneiden. 1 **Banane** schälen, schräg in Scheiben schneiden und alles vorsichtig unter die Orangenscheiben mischen. Alles in ein verschließbares Glas geben. **3** 150 g **Magerquark** mit ½ Tl **Vanillezucker** glatt rühren und in ein Schälchen füllen. Mit 1 kleinen Glas **Honig** (ca. 2 El) extra transportieren.

* **Zubereitungszeit:** 20 Minuten **Pro Portion:** 26 g E, 7 g F, 97 g KH = 587 kcal (2457 kJ)

Mexikanischer Kartoffelsalat

Frühlingskur für den Kartoffelsalat: Mit Avocado, Kreuzkümmel und Limettensaft schmeckt er erfrischend anders und sagenhaft leicht

Für 4 Portionen:

- 800 g festkochende Kartoffeln
- Salz
- 3 Frühlingszwiebeln
- 4 El Öl
- ½ Tl gemahlener Kreuzkümmel
- Zucker
- 200 ml Gemüsebrühe
- Pfeffer
- 1 rote Paprikaschote
- 1 Dose Gemüsemais (212 g EW)
- 1 reife, aber nicht zu weiche Avocado
- 4 El Limettensaft

1 Kartoffeln waschen und ungeschält 15–20 Min. in kochendem Salzwasser garen. Inzwischen Frühlingszwiebeln putzen, das Weiße und Hellgrüne in feine Ringe schneiden und in 2 El Öl andünsten. Kreuzkümmel und 1 Prise Zucker kurz mitdünsten, Brühe zugießen, aufkochen und mit Salz und Pfeffer würzig abschmecken.

2 Kartoffeln abgießen, abschrecken, pellen und in dünnen Scheiben direkt in die heiße Brühe schneiden. 20 Min. durchziehen lassen.

3 Paprika putzen, waschen und fein würfeln. Mais abgießen. Avocado schälen, halbieren, das Fruchtfleisch ca. 1 cm groß würfeln und sofort mit 1 El Limettensaft mischen.

4 3 El Limettensaft, etwas Salz, Pfeffer und 2 El Öl verrühren. Mit Paprika, Avocado und Mais vorsichtig unter die Kartoffeln mischen und evtl. nachwürzen.

* **Zubereitungszeit:** 45 Minuten
Pro Portion: 5 g E, 11 g F, 38 g KH = 286 kcal (1199 kJ)

Cowboy-Pfannkuchen

„Achtung, Indianer gesichtet!" Aber bevor der kleine Nachwuchs-Cowboy angreift, stärkt er sich mit dieser Spezialkraftnahrung

Für 4 Portionen: 1 4 **Eier** (Kl. M), 300 g **Mehl**, 2 Tl **Backpulver** und 1 Prise Salz verquirlen. 500 ml **fettarme Milch** zugeben und glatt rühren. 2 El geriebenen **Parmesan** unterrühren. **2** 600 g **Fleischwurst** pellen und in 3–4 mm dicke Scheiben schneiden. **3** 1 Tl **Öl** in einer beschichteten Pfanne erhitzen und mehrere kleine Pfannkuchen (à 50 ml) hineingießen und mit je 1 Scheibe Wurst belegen. Die Pfannkuchen bei mittlerer Hitze von jeder Seite 2½–3 Min. backen. Restlichen Teig ebenso ausbacken. Fertige Pfannkuchen im Ofen warm stellen.

• **Zubereitungszeit:** 30 Minuten **Pro Portion:** 40 g E, 48 g F, 60 g KH = 836 kcal (3504 kJ)

Wunschpunsch

Mit Apfelsaft, Honig und Rotbusch-Vanilletee werden Träume wahr

Für 8–10 Portionen: 1 500 ml **Apfelsaft** in Eiswürfelbehälter füllen und am besten über Nacht einfrieren. **2** 6 Aufgussbeutel **Rotbusch-Vanilletee** mit 1,5 l kochend heißem Wasser überbrühen, 10 Min. ziehen lassen. Beutel entfernen, den Tee mit 2–3 El flüssigem **Honig** süßen und vollständig abkühlen lassen. **3** 2 **Äpfel** (z. B. Elstar, à 200 g) waschen. Mit einem Kugelausstecher rundherum Kugeln ausstechen (oder die Äpfel entkernen und würfeln). Mit 4 El **Zitronensaft** mischen. **4** Den Tee mit 1,5 l kaltem **Apfelsaft** mischen. Kurz vor dem Servieren mit Äpfeln und Apfelsaft-Eiswürfeln in einer Bowlenschale mischen.

* **Zubereitungszeit:** 20 Minuten (plus Kühlzeiten)
Pro Portion (bei 10): 0 g E, 0 g F, 26 g KH = 121 kcal (513 kJ)

Grießnocken mit Tomatensauce

Eine kulinarische Traumhochzeit: wunderbar lockere Klößchen in einer frisch-würzigen Tomatensauce. Und beides blitzartig fertig

Für 2 Portionen:

150 g Staudensellerie

100 g Frühlingszwiebeln

1 El Olivenöl

Zucker

1 Dose geschälte Tomaten (425 g EW)

Salz

Pfeffer

40 g Butter

50 g Hartweizengrieß

2 Eigelb (Kl. M)

60 g Parmesan

6 El fein gehackte Petersilie

Muskatnuss

1 Staudensellerie putzen, ca. ½ cm groß würfeln, Frühlingszwiebeln putzen, in feine Ringe schneiden. Beides im Olivenöl andünsten. ½ Tl Zucker kurz mitdünsten. Tomaten mit dem Saft zugeben, salzen, pfeffern und offen 15 Min. köcheln lassen.

2 Butter und 125 ml Wasser aufkochen. Grieß unter Rühren einstreuen, auf der ausgeschalteten Herdplatte so lange rühren, bis sich ein Kloß bildet. In eine Schüssel geben, die Eigelbe nacheinander unterkneten. 40 g Parmesan reiben und mit der Petersilie unterrühren. Mit Salz, Pfeffer und Muskat würzen.

3 Aus der Masse mit 2 in heißes Wasser getauchten Esslöffeln 6–8 Nocken abstechen. In einem breiten Topf Salzwasser aufkochen. Nocken hineingeben, bei milder Hitze 5–8 Min. gar ziehen lassen. Mit der Sauce anrichten, 20 g Parmesan hobeln und darüberstreuen.

* **Zubereitungszeit:** 30 Minuten
Pro Portion: 18 g E, 39 g F, 29 g KH = 544 kcal (2277 kJ)

NOCKEN FORMEN
Mit zwei Löffeln bekommen auch Kinder den Teig leicht in die richtige Form. Die Löffel immer wieder in heißes Wasser tauchen, damit sich der Teig gut löst.

Rührei-Hotdog

Der Vitamin-D-Gehalt eines Hühnereis deckt 30 Prozent des Tagesbedarfs, doch es gibt noch mehr Gründe, die für diesen Leckerbissen sprechen

Für 2 Portionen: 1 2 **Roggenbrötchen** längs einschneiden und die Schnittflächen mit je 1 Tl **Salatmayonnaise** bestreichen. Mit je 1–2 gewaschenen **Salatblättern** belegen. **2** 4 **Eier** (Kl. M), 2 El **Schlagsahne**, 2 El **Schnittlauchröllchen**, etwas Salz und Pfeffer verquirlen. 2 Scheiben **Mortadella** klein würfeln, 2 **Kirschtomaten** in Scheiben schneiden. **3** 2 El **Öl** in einer beschichteten Pfanne erhitzen. Die Eimasse in die Pfanne gießen und bei milder Hitze stocken lassen. Dabei mit einem Pfannenwender mehrfach vom Pfannenrand in die Mitte schieben und die Mortadella untermischen. **4** Rührei in die Brötchen füllen und die Tomatenscheiben darauf verteilen.

* **Zubereitungszeit:** 20 Minuten **Pro Portion:** 25 g E, 46 g F, 30 g KH = 636 kcal (2664 kJ)

Bratfisch

Die lecker panierten Minischollenfilets samt buntem Kartoffelpüree mit Erbsen überzeugen auch kleine Fischverweigerer

Für 2 Portionen: 1 100 g **TK-Erbsen** in kochendes Wasser geben, 2 Min. ziehen lassen. Erbsen abgießen und abtropfen lassen. 1 Pk. **Kartoffelpüreeflocken** (für 3 Portionen) mit 250 ml **Milch** und 250 ml **Möhrensaft** nach Packungsanweisung zubereiten. Erbsen unterheben und warm stellen. **2** 2 El **Mehl** auf einen flachen Teller geben. 2 **Schollenfilets** (à 120 g) trockentupfen, rundum salzen und pfeffern. 20 g **Butterschmalz** in einer Pfanne erhitzen. Fischfilets im Mehl wenden, überschüssiges Mehl abklopfen und die Filets im heißen Butterschmalz von jeder Seite 2 Min. goldbraun braten. Mit dem Püree servieren.

* **Zubereitungszeit:** 25 Minuten **Pro Portion:** 35 g E, 17 g F, 56 g KH = 527 kcal (2207 kJ)

Eier in Erbsensauce

Wer liebt sie nicht: Eier in Senfsauce? Doch diese Variante macht dem Lieblingsgericht starke Konkurrenz

Für 2 Portionen:

- 1 Zwiebel
- 1 El Butter (oder Margarine)
- 100 ml Gemüsebrühe
- 5 El Crème fraîche
- 200 g TK-Erbsen
- 4 frische Eier
- Salz
- Pfeffer
- 1–2 Tl abgeriebene Bio-Zitronenschale
- Zucker
- 2 El Kerbelblättchen

1 Zwiebel fein würfeln, in der Butter glasig dünsten. Brühe und Crème fraîche zugeben, 5 Min. offen kochen lassen, 150 g Erbsen nach 4 Min. zugeben. Eier in kochendem Wasser ca. 8 Min. wachsweich kochen.

2 Sauce mit dem Schneidstab fein pürieren. Durch ein Sieb streichen, mit den restlichen Erbsen nochmals kurz aufkochen. Mit Salz, Pfeffer, Zitronenschale und 1 Prise Zucker abschmecken. Eier abschrecken, pellen und halbieren. Mit der Sauce anrichten und mit Kerbel bestreuen.

* **Zubereitungszeit:** 25 Minuten
Pro Portion: 25 g E, 41 g F, 18 g KH = 541 kcal (2266 kJ)

SENSIBLE ROHLINGE
Eier sind empfindlich, da durch die poröse Schale Gerüche oder Bakterien (Salmonellen) ins Innere gelangen können. Eier also grundsätzlich kühl (8–10 Grad) und bei hoher Luftfeuchtigkeit aufbewahren – am besten im Spezialfach im Kühlschrank bzw. in der Eierverpackung – und weit entfernt von stark riechenden Lebensmitteln.

Erbsenrahmsuppe

Das Kind ist maulig und hat keinen Appetit? Ein Süppchen rutscht immer! Erst recht, wenn es sich wie hier um eine Konfettisuppe handelt

Für 2 Portionen: 1 2 Scheiben **gekochten Schinken** (ca. 70 g) in 3 cm lange Streifen schneiden. 1 **Zwiebel** fein würfeln und in 1 El **Butter** bei mittlerer Hitze glasig dünsten. 300 ml **Gemüsebrühe** zugeben und aufkochen. **2** Von 300 g **TK-Erbsen** 2 El beiseitestellen. Die restlichen Erbsen in die kochende Brühe geben und zugedeckt 10 Min. köcheln lassen. Mit dem Schneidstab pürieren. 150 ml **Schlagsahne** zugeben und erneut gut aufkochen. Mit Salz, Pfeffer und 1 Prise **Muskat** würzen. **3** Die Schinkenstreifen und die restlichen Erbsen kurz vor dem Servieren in die heiße Suppe geben. 50 ml **Schlagsahne** halb steif schlagen. Suppe mit der Sahne und 50 g **Brotchips** servieren.

* **Zubereitungszeit:** 25 Minuten **Pro Portion:** 23 g E, 42 g F, 40 g KH = 635 kcal (2672 kJ)

Gebackene Schoko-Eier

Als süßes Geschenk fürs Nest oder zum Selberessen

Für 18 Stück: 1 1 Pk. **Schoko-Kuchen-Backmischung** (485 g) mit 3 **Eiern** (Kl. M), 100 ml **Milch** und 150 g weicher **Butter** nach Packungsanweisung verrühren. Die Hälfte des Teigs in eine gefettete Eierform (9 Mulden) oder in eine Muffinform füllen. Im vorgeheizten Ofen bei 180 Grad (Umluft 160 Grad) auf der 2. Schiene von unten 15 Min. backen. **2** Aus der Form lösen und den übrigen Teig ebenso backen. 100 g **Halbbitterkuvertüre** hacken, mit der Fettglasur aus der Packung im heißen Wasserbad schmelzen. 150 g **weiße Kuvertüre** hacken und ebenfalls auflösen. 9 Eier mit weißer Kuvertüre und 9 Eier mit der dunklen Mischung überziehen, trocknen lassen. **3** Übrige flüssige Kuvertüren in je 1 Einwegspritzbeutel füllen und eine kleine Spitze abschneiden. Eier nach Belieben verzieren.

* **Zubereitungszeit:** 1 Stunde (plus Kühlzeiten)
Pro Stück: 4 g E, 15 g F, 27 g KH = 259 kcal (1090 kJ)

Kalter Dalmatiner

Seit Disneys Zeichentrickfilm „101 Dalmatiner" sind gefleckte Hunde sehr beliebt. Unserer kann zwar nicht bellen, aber Sie dürfen reinbeißen

Für 6 Stücke:
400 g weiße Schokolade
400 g Palmfett
1 Tl Öl
11 Butterkekse mit dunklem Schokoladenüberzug (ca. 110 g)
50 g dunkle Kuchenglasur

1 Schokolade und Fett grob hacken und in einer Metallschüssel im heißen Wasserbad schmelzen. Unter gelegentlichem Rühren im kalten Wasserbad handwarm abkühlen lassen. Dabei aufpassen, dass die Masse nicht zu fest wird.

2 Eine Kastenform (1 l Inhalt) dünn mit Öl ausstreichen und mit Klarsichtfolie auslegen. Abwechselnd Schokoladenmasse und Kekse einschichten. Die Schokoladenschicht soll dabei immer ca. 1 cm dick sein. 5 Std. kalt stellen.

3 Die erstarrte Schokoladenmasse aus der Form stürzen und die Klarsichtfolie entfernen. Kuchenglasur nach Packungsanweisung schmelzen und damit Dalmatiner-Flecken auf die weiße Schokolade klecksen.

Tipp: Am besten eignet sich Kuchenglasur in der Tüte. Die kann man direkt heraustropfen lassen.

* **Zubereitungszeit:** 30 Minuten (plus Kühlzeit)
Pro Stück: 7 g E, 96 g F, 51 g KH = 1100 kcal (4565 kJ)

SCHICHT FÜR SCHICHT
Die Schichten sollen einheitlich dick sein, damit jedes Stück gleich stark nach Schokolade und Keksen schmeckt. Die Schokolade darf beim Einschichten nicht zu heiß sein, sonst schmilzt die dunkle Kekskuvertüre.

Möhren-Risi-Pisi

Risotto nur mit Erbsen? Da fühlt sich die grüne Kugel doch ganz allein! Also haben wir ihre beste Freundin, die Möhre, einfach mit eingerührt

Für 4 Portionen: 1 3 mittelgroße **Möhren** schälen und grob raspeln. 1 mittelgroße **Zwiebel** fein hacken. 1 l **Gemüsebrühe** erhitzen. **2** 2 El **Olivenöl** in einem Topf erhitzen. Zwiebeln darin glasig dünsten. 250 g **Risotto-Reis** (oder Rundkornreis) zugeben und unter Rühren bei mittlerer Hitze 1–2 Min. andünsten. Mit 500 ml Gemüsebrühe ablöschen. Unter Rühren so lange kochen, bis die Flüssigkeit fast verdampft ist. **3** Möhrenraspel und 500 ml Brühe zugeben. Weitere 10 Min. unter Rühren kochen. 100 g **TK-Erbsen** zugeben. Weiterkochen, bis die Flüssigkeit verdampft ist, 50 g geriebenen **Parmesan** und 2 El gehackte **Petersilie** unterziehen. Von der Herdplatte nehmen und mit Salz und Pfeffer würzen.

Zubereitungszeit: 30 Minuten **Pro Portion:** 11 g E, 10 g F, 55 g KH = 360 kcal (1508 kJ)

Brösel-Nudeln

Dieses Gericht hat den Elchtest bestanden: kein Wunder bei der gelungenen Kombination von Nudeln, Gouda und Butterbröseln

Für 4 Portionen: 1 2 El **Butter** in einem Topf erhitzen. 2 leicht gehäufte El **Mehl** zugeben und bei mittlerer Hitze ca. 2 Min. unter Rühren anschwitzen. 2 El **Tomatenmark** zugeben, glatt rühren und kurz mitkochen. 50 ml **Milch** angießen und mit dem Schneebesen glatt rühren, dann mit 450 ml **Milch** aufgießen und glatt rühren. **2** Sauce zum Kochen bringen und unter Rühren bei milder Hitze ca. 10 Min. köcheln lassen. Mit Salz und **Muskat** abschmecken und beiseitestellen. **3** 1 El **Butter** in einer Pfanne erhitzen und 2 El **Semmelbrösel** darin goldbraun rösten, beiseitestellen. **4** 500 g **Elchnudeln** (gibt's bei Ikea) in reichlich kochendem Salzwasser nach Packungsanweisung garen. Abgießen und mit der Sauce mischen. Mit 50 g geriebenem **jungem Gouda** und den Butterbröseln bestreuen.

* **Zubereitungszeit:** 20 Minuten **Pro Portion:** 25 g E, 21 g F, 102 g KH = 700 kcal (2938 kJ)

Kinder-Gnocchi

Die kleinen runden Minis aus Italien schmecken am besten selbst gemacht. Und das ist einfacher, als man denkt!

Für 4 Portionen:

- 500 g kleine mehlig-kochende Kartoffeln
- Salz
- Muskat
- 120 g Mehl
- 200 g Möhren
- 250 ml Gemüsebrühe
- 100 g TK-Erbsen
- 200 g Kräuterschmelzkäse
- Pfeffer
- 2 El gehackte Petersilie
- 2 El Sonnenblumenkerne

1 Kartoffeln waschen und in reichlich Salzwasser 15–20 Min. garen. Pellen und mit einem Kartoffelstampfer zerdrücken. Mit 1 Tl Salz und etwas Muskat würzen. Mehl in 3 Portionen nacheinander unter die Kartoffelmasse kneten.

2 Falls der Teig noch zu feucht ist und an den Händen kleben bleibt, etwas Mehl dazugeben. Teig halbieren und auf einer leicht bemehlten Fläche zu 2 Rollen von je ca. 40 cm Länge formen. In 2 cm breite Stücke schneiden, mit den Händen zu Kugeln formen und mit einer Gabel flach drücken.

3 Möhren schälen und in dünne, schräge Scheiben schneiden. Brühe und Möhren in einen Topf geben und 3–4 Min. kochen lassen. Erbsen dazugeben. Schmelzkäse unter Rühren in der Brühe schmelzen lassen. Mit Salz, Pfeffer und Petersilie würzen.

4 Gnocchi nacheinander in 3 Portionen in reichlich kochendem Salzwasser 3–5 Min. garen. Mit einem Schaumlöffel aus dem Wasser nehmen, sobald die Gnocchi an der Oberfläche schwimmen. Mit dem Rahmgemüse und Sonnenblumenkernen anrichten.

* **Zubereitungszeit:** 55 Minuten
Pro Portion: 13 g E, 18 g F, 42 g KH = 390 kcal (1630 kJ)

Fischstäbchen-Hotdog

Da vermisst man doch gar nicht das Würstchen! Die dänische Spezialität ist auch mit Fischstäbchen für große und kleine Leute ideales Fingerfood

Für 2 Portionen: 1 2 El **mittelscharfen Senf**, 1 Tl **braunen Zucker**, 2 Tl **Zitronensaft** und 6 El **Öl** sehr gut verschlagen. ½ Bund **Dill** abzupfen und unterrühren. Sauce mit Salz und Pfeffer würzig abschmecken. **2** 2 **Römersalatherzen** putzen, waschen und trockenschleudern. 150 g **Salatgurke** in dünne Scheiben schneiden. **3** 8 **Fischstäbchen** im vorgeheizten Ofen nach Packungsanweisung backen. 4 **Hotdog-Brötchen** kurz mitbacken. Brötchen längs einschneiden, mit Salat, Gurken, Fischstäbchen, Sauce und 20 g **Röstzwiebeln** füllen. Mit **Dill** und evtl. **Zitronenspalten** garnieren.

* **Zubereitungszeit:** 20 Minuten **Pro Portion:** 26 g E, 46 g F, 78 g KH = 825 kcal (3458 kJ)

Dillhähnchen mit Möhren

Dill ist ein typisches Gewürz für Fisch. Wie gut sich sein intensives Aroma auch auf Hähnchenbrustfilets entfaltet, beweist dieses Gericht

Für 2 Portionen: 1 600 g schlanke **Möhren** schälen. 1 Bund **Dill** abzupfen und fein hacken. 1 **Zwiebel** fein würfeln. 2 **Hähnchenbrustfilets** (à 120 g) mit Salz und Pfeffer würzen. In 2 El heißem **Öl** in einer Pfanne von beiden Seiten anbraten, herausnehmen. 1 El **Butter** in die Pfanne geben. Möhren, Zwiebeln und 2 Tl **Zucker** kurz andünsten. Mit 150 ml **Gemüsefond** ablöschen, salzen und pfeffern. **2** Hähnchenbrustfilets daraufsetzen, zugedeckt bei mittlerer Hitze 15 Min. garen. Filets nach 7 Min. wenden. Dann in der Hälfte vom Dill wälzen, in Folie gewickelt ruhen lassen. Restlichen Dill und 1–2 Tl **Zitronensaft** unter die Möhren heben, evtl. nachwürzen. Mit dem Fleisch servieren.

* **Zubereitungszeit:** 35 Minuten **Pro Portion:** 32 g E, 18 g F, 22 g KH = 375 kcal (1567 kJ)

Aquarium zum Essen

Das will jeder probieren! Ein Aquarium mit Wackelpudding, in dem Fische schwimmen: Von diesem Partyspaß werden die kleinen Gäste schwärmen

Für 8–10 Portionen:

20 Blatt weiße Gelatine

2 l Zitronenlimonade

blaue Lebensmittelfarbe

100–150 g Fruchtgummifiguren (z. B. Fische, Seesterne, Schildkröten)

1 Gelatine in kaltem Wasser einweichen. Limonade bei milder Hitze unter vorsichtigem Rühren erhitzen und von der Herdplatte ziehen. Mit 10–15 Tropfen Lebensmittelfarbe färben. Gelatine ausdrücken und in der heißen Limonade auflösen. Lauwarm abkühlen lassen.

2 Limonade ca. 2 cm hoch in ein vorgekühltes Glasgefäß (2,2 l Inhalt) gießen. Im Kühlschrank ca. 45 Min. erstarren lassen. Einige Fruchtgummifiguren auflegen oder eindrücken. Eine weitere Schicht Limonade vorsichtig eingießen. Falls diese schon begonnen hat zu gelieren, bei milder Hitze unter Rühren wieder auflösen. Auf diese Weise weitere Schichten eingießen und erstarren lassen, bis alle Flüssigkeit aufgebraucht ist. Dabei immer wieder Fruchtgummifiguren auflegen oder eindrücken.

* **Zubereitungszeit:** 40 Minuten (plus Kühlzeiten)
  Pro Portion (bei 10): 3 g E, 0 g F, 18 g KH = 90 kcal (380 kJ)

Süße Pommes

Auf Ketchup und Mayo können wir getrost verzichten. Die Toastbrotstreifen dippen wir lieber in den Früchtequark

Für 6 Portionen: 1 10 Scheiben **Buttertoastbrot** auf 2 Seiten entrinden, Scheiben in je 5 Stifte schneiden. Oben und unten soll Brotrinde sein. Auf einem mit Backpapier ausgelegten Blech verteilen. Streifen mit 2–3 El **Zucker** bestreuen. Im vorgeheizten Ofen bei 200 Grad (Umluft 180 Grad) auf der 2. Schiene von unten 15–18 Min. goldbraun backen. **2** Inzwischen 400 g **Sahnequark** und 2 El flüssigen **Honig** verrühren. 250 g **Erdbeeren** waschen und putzen. 5 reife **Aprikosen** waschen und entsteinen. Beides in kleine Würfel schneiden und unter den Quark heben. Brotstifte abkühlen lassen und mit dem Quark servieren.

* **Zubereitungszeit:** 25 Minuten **Pro Portion:** 9 g E, 8 g F, 36 g KH = 262 kcal (1100 kJ)

Eskimo im Hemd

Der legendäre „Mohr im Hemd" bekommt einen leckeren Gefährten, der statt mit dunkler Schokolade mit weißer gemacht wird – ein Eskimo eben

Für 4 Portionen: 1 50 g **weiße Schokolade** im heißen Wasserbad schmelzen und auf Raumtemperatur abkühlen lassen. 4 Tassen (à 200 ml Inhalt) sorgfältig fetten. **2** 40 g weiche **Butter** und 40 g **Zucker** mit den Quirlen des Handrührers 8 Min. cremig rühren. Nacheinander 3 **Eigelb** (Kl. M) je ½ Min. unterrühren. 40 g **gemahlene Mandeln**, 40 g **Semmelbrösel** und die Schokolade unterheben. 3 **Eiweiß** (Kl. M) mit 1 Prise Salz steif schlagen, dabei 1 Pk. **Vanillezucker** einrieseln lassen. In mehreren Portionen unterheben. **3** Die Tassen mit der Schokoladenmasse füllen, in einen Dämpfeinsatz stellen und locker mit Alufolie bedecken. Einsatz so in einen Topf mit Wasser setzen, dass Wasser und Tassen keinen Kontakt haben. Topf schließen, Wasser aufkochen und die Masse bei mittlerer Hitze 30 Min. dämpfen. **4** Inzwischen 150 g **rote TK-Johannisbeeren** (oder TK-Himbeeren) mit 1 El **Zucker** in einem Topf unter Rühren bei milder Hitze auftauen lassen. 200 ml **Schlagsahne** steif schlagen. **5** Tassen vorsichtig aus dem Topf nehmen und die Eskimos auf Teller stürzen. Mit Beeren und Sahne servieren.

* **Zubereitungszeit:** 50 Minuten **Pro Portion:** 11 g E, 40 g F, 36 g KH = 553 kcal (2318 kJ)

Putenschnitzel Wiener Art

Nur ein Schnitzel vom Kalb darf sich Wiener Schnitzel nennen. Aber ein perfekt paniertes Schnitzel von der Pute schmeckt genauso gut

Für 2 Portionen:

- 2 Putenschnitzel (à 150 g)
- 1 Ei (Kl. M)
- 2 El Schlagsahne
- 4–5 El Mehl
- 40 g Semmelbrösel
- Salz
- Pfeffer
- 40 g Butterschmalz

1 Die Schnitzel wie unten beschrieben plattieren.

2 Ei auf einem Teller mit Schlagsahne verquirlen. Mehl und Semmelbrösel auf je einen Teller geben. Die Schnitzel salzen und pfeffern. Erst durch Mehl, dann durch das Ei ziehen, danach in Semmelbröseln wälzen. Die Brösel mit der Handfläche leicht andrücken.

3 Die Putenschnitzel im erhitzten Butterschmalz bei mittlerer bis starker Hitze von jeder Seite etwa 3 Min. goldbraun braten.

* **Zubereitungszeit:** 20 Minuten
Pro Portion: 44 g E, 28 g F, 26 g KH = 534 kcal (2232 kJ)

PLATTIEREN

Ein gutes Schnitzel muss dünn sein – dünner als der Fleischer es anbietet. Darum plattieren wir es. Wer eine super ausgestattete Küche hat, besitzt ein (sündhaft teures) Plattiereisen. Alle anderen nehmen einfach einen schweren Topf. Schnitzel zwischen zwei Lagen solider Folie legen, sorgfältig flach klopfen – fertig.

Sandras Pudding

Mit diesem Rezept lassen sich Kindertränen schnell trocknen. Der Pudding heitert übrigens nicht nur Kinder auf...

Für 4 Portionen: 1 1 Pk. **Vanillepuddingpulver** nach Packungsanweisung zubereiten. Dabei den Zucker weglassen und die Milch durch die gleiche Menge **weißen Traubensaft** ersetzen. **2** Gekochten Pudding in beliebig große, kalt ausgespülte Formen geben und 4 Std. kalt stellen. **3** 200 g **TK-Heidelbeeren** in eine Schüssel geben und mit 2 El **Puderzucker** bestreut auftauen lassen. **4** 200 ml **Schlagsahne** steif schlagen und die aufgetauten Heidelbeeren untermischen. Pudding aus den Formen stürzen und mit der Heidelbeersahne servieren.

* **Zubereitungszeit:** 20 Minuten (plus Kühl- und Wartezeiten)
Pro Portion: 2 g E, 15 g F, 39 g KH = 315 kcal (1320 kJ)

Paprika-Zuckerschoten-Salat

Sogar das Krümelmonster mampft inzwischen jede Menge Gemüse – und würde für diesen Salat wohl seinen letzten Keks geben

Für 2 Portionen: 1 150 g **Zuckerschoten** putzen und schräg in ca. 1 cm breite Streifen schneiden. 1 Min. in Salzwasser kochen, abschrecken und gut abtropfen lassen. 60 g kleine **weiße Champignons** in dünne Scheiben schneiden. 1 **rote Paprikaschote** putzen und in dünne Streifen schneiden. 3 El **geröstete, gesalzene Erdnusskerne** grob hacken.
2 2 El **Zitronensaft**, ½ Tl **Zucker**, 3 El **Olivenöl** und ½ Tl **dunkles Sesamöl** gut verrühren, mit Salz und Pfeffer würzen. Mit Zuckerschoten, Paprika und Champignons mischen und mit Erdnüssen bestreuen.

* **Zubereitungszeit:** 25 Minuten **Pro Portion:** 7 g E, 27 g F, 9 g KH = 311 kcal (1303 kJ)

Abc-Suppe

Nicht nur ein Augenschmaus! In dieser leckeren Suppe stecken auch jede Menge Vitamine

Für 4–6 Portionen:

2 Hühnerbeine (ca. 275 g)

Salz

1 Gemüsezwiebel

10 schwarze Pfefferkörner

2 Pk. TK-Suppengemüse (à 300 g)

125 g Buchstabennudeln

1 Hühnerbeine abspülen und mit 1,5 l kaltem Wasser und 2 Tl Salz in einem Topf zum Kochen bringen. Die Zwiebel mit Schale halbieren. Das Wasser abschäumen, dann die Pfefferkörner und die Zwiebelhälften dazugeben. ½ Pk. Gemüse in die Suppe geben und bei mittlerer Hitze 45 Min. zugedeckt köcheln lassen.

2 Hühnerbeine aus der Suppe nehmen und die Haut abziehen. Das Fleisch vom Knochen lösen, in grobe Stücke schneiden und beiseitestellen. Suppe durch ein Sieb gießen, dabei die Brühe in einem Topf auffangen. Die restlichen 1½ Pk. Gemüse dazugeben, zum Kochen bringen und 2 Min. darin kochen. Hühnerfleisch dazugeben und die Suppe warm halten.

3 Nudeln in reichlich kochendem Salzwasser nach Packungsanweisung garen. Abgießen, in die Suppe geben und sofort servieren.

* **Zubereitungszeit:** 1:15 Stunden
Pro Portion (bei 6): 11 g E, 4 g F, 23 g KH = 177 kcal (742 kJ)

DANKE
PAPA

Erdbeereis am Stiel

Ideal, wenn Sie schnell viele Beeren verarbeiten müssen, die für Kuchen nicht mehr hübsch genug sind. Geht auch mit anderen Früchten

Für 6 Portionen: 1 300 g **Erdbeeren** waschen, putzen, grob würfeln und in ein hohes Gefäß geben. 100 ml **Erdbeersirup** (oder Himbeersirup) zugeben und mit dem Schneidstab sehr fein pürieren.
2 Mischung in Eisförmchen (je 60 ml) füllen und mind. 3 Std. im Gefriergerät einfrieren. Förmchen kurz in den Händen anwärmen und Eis aus der Form ziehen.

* **Zubereitungszeit:** 10 Minuten (plus Kühlzeit)
Pro Portion: 0 g E, 0 g F, 14 g KH = 64 kcal (266 kJ)

Eis-Schoko

Für 4–6 Portionen:
1 l kalte **Vollmilch** mit 10 El **Instant-Kakaopulver** glatt rühren. 750 ml **Vanilleeis** zu Kugeln abstechen und in Gläser verteilen. Mit dem Kakao auffüllen und mit geschlagener **Sahne** und mit Kakaopulver bestäubt servieren.

Lieblingspizza

Einfacher lässt sich eine Pizza nun wirklich nicht zubereiten. Es sei denn, Sie holen eine fertige aus der Gefriertruhe

Für 2–4 Portionen:

- 450 g TK-Blätterteig (rechteckiges Format)
- Mehl und Hartweizengrieß zum Bearbeiten
- 4 El Tomatenmark
- 1 Tl italienische Kräutermischung (oder getrockneter Oregano)
- 2–3 El Olivenöl
- 125 g Mozzarella
- 125 g Salami in Scheiben
- 20 Kirschtomaten
- 2 Stiele Basilikum

1 Blätterteig auf einer bemehlten Arbeitsfläche auftauen. Scheiben stapeln und zu einem Rechteck (ca. 40 x 35 cm) ausrollen. Teig auf ein mit Grieß bestreutes Blech legen.

2 Tomatenmark mit Kräutern, Olivenöl und 3 El Wasser verrühren und auf dem Teig verstreichen.

3 Mozzarella in kleine Stücke schneiden und mit Salami und Kirschtomaten auf dem Pizzaboden verteilen.

4 Im vorgeheizten Ofen bei 215 Grad auf der 2. Schiene von unten 20 Min. backen (Umluft nicht empfehlenswert).

5 Basilikumblätter von den Stielen zupfen, grob hacken und über die Pizza streuen.

* **Zubereitungszeit:** 40 Minuten
Pro Portion (bei 4): 21 g E, 47 g F, 54 g KH = 726 kcal (3038 kJ)

Hei-Ba-Mi

Der Drink bringt Power für den ganzen Tag. In einer Thermoskanne bleibt er kühl, schmeckt aber auch aus einer Flasche mit Schraubverschluss

Für 1 Portion: 1 1 **Banane** schälen und grob in Stücke schneiden. In ein hohes Gefäß oder einen Mixer geben und mit 2 Tl **Zitronensaft** beträufeln. 50 g **TK-Heidelbeeren**, 200 ml kalte **Milch** und 200 ml **Orangensaft** zugeben und fein pürieren. **2** Nach Belieben mit 1–2 Tl **Honig** süßen und in eine Thermoskanne füllen.

* **Zubereitungszeit:** 10 Minuten **Pro Portion:** 9 g E, 7 g F, 44 g KH = 303 kcal (1271 kJ)

Adventsmilchreis

Die Vorfreude auf den Heiligen Abend steigt – mitunter durch diese Mahlzeit, die so herrlich nach Weihnachten schmeckt

Für 2 Portionen: 1 In einem kleinen Topf 500 ml **Milch**, 1 Streifen **Bio-Zitronenschale** (ca. 10 cm lang), 2 El **braunen Zucker** und 1 Prise Salz aufkochen. 125 g **Milchreis** unterrühren, bei milder Hitze 30–35 Min. zugedeckt quellen lassen, dabei ab und zu umrühren. Reis in eine Schüssel füllen und lauwarm abkühlen lassen.
2 1 **Apfel** ungeschält vierteln und entkernen. Viertel in je 3–4 Spalten schneiden und sofort mit 1 El **Zitronensaft** beträufeln, damit sie sich nicht verfärben. In einer kleinen Pfanne 20 g **Butter** zerlassen, Äpfel darin bei mittlerer Hitze auf jeder Seite 2 Min. braten.
3 2 El **braunen Zucker** und ¼ Tl **Lebkuchengewürz** mischen. Zitronenschale aus dem Milchreis entfernen. Reis mit Apfelspalten und Lebkuchenzucker anrichten.

* **Zubereitungszeit:** 45 Minuten **Pro Portion:** 12 g E, 17 g F, 110 g KH = 660 kcal (2769 kJ)

Käse-Schinken-Hörnchen

Bei diesen Croissants könnte es sein, dass die Freunde Ihrer Kinder demnächst noch öfter vorbeikommen

Für 6 Stück:

1 Pk. Frischteig für 6 Croissants (250 g, Kühlregal)

3 Scheiben gekochter Schinken (à ca. 50 g)

4 Scheiben junger Gouda (à ca. 60 g)

1 Eigelb (Kl. M)

1 Teigdreiecke auf die Arbeitsfläche legen, die kurze Seite 2 cm tief einschneiden. Schinken- und Käsescheiben halbieren. Auf jedes Dreieck je ½ Scheibe Schinken und Käse legen. 1 Scheibe Käse klein würfeln.

2 Von der eingeschnittenen Seite her die Dreiecke über der Füllung zur Spitze hin aufrollen. Dabei die Teigecken etwas auseinanderziehen und zu Hörnchen formen.

3 Eigelb mit 1 El Wasser verquirlen und die Hörnchen damit bestreichen. Auf ein mit Backpapier ausgelegtes Blech setzen. Mit den Käsewürfeln bestreuen und im vorgeheizten Ofen bei 200 Grad (Umluft 180 Grad) auf der 2. Schiene von unten 10–15 Min. goldbraun backen.

* **Zubereitungszeit:** 35 Minuten
Pro Stück: 19 g E, 21 g F, 16 g KH = 333 kcal (1369 kJ)

Vollkornbrot mit Rührei

Sie werden verblüfft sein, wie gut ein Rührei auch in kaltem Zustand schmeckt, vor allem, wenn es mit Schnittlauch und Tomate auftritt

Für 1 Portion: 1 2 **Eier** (Kl. M) in einer Schüssel mit 1 El **Schnittlauchröllchen**, Salz und Pfeffer verquirlen. 15 g **Butter** in einer beschichteten Pfanne erhitzen und das Ei darin zu Rührei braten. **2** 1 **Tomate** in Scheiben schneiden. 1 Scheibe **Vollkornbrot** leicht buttern, mit 1 **Salatblatt** belegen. Das Rührei daraufgeben und mit Tomatenscheiben belegen, evtl. mit eingen Schnittlauchröllchen bestreuen.

* **Zubereitungszeit:** 15 Minuten **Pro Portion:** 20 g E, 26 g F, 22 g KH = 402 kcal (1686 kJ)

Bunte Suppe

Heißes für kalte Wintertage: mit deftigen Mettbällchen und vielen Vitaminen ein Süppchen für Leib und Seele

Für 2 Portionen: 1 250 g **Schweinemett**, 1 **Ei** (Kl. M), 2 Tl **Kräutersenf**, 2 El **Semmelbrösel** und etwas **Muskat** zu einer glatten Masse verkneten. Mit Salz und Pfeffer würzen. Die Hackmasse mit nassen Händen zu 16 Bällchen formen. 2 El **Öl** in einer Pfanne erhitzen und die Mettbällchen bei mittlerer Hitze von allen Seiten goldbraun braten. Je 150 g **Möhren** und **Kartoffeln** schälen und in dünne Scheiben schneiden. 150 g **Romanesco** (oder Broccoli) in kleine Röschen teilen. **2** 1 **Zwiebel** fein würfeln und in 2 El **Öl** glasig dünsten. 500 ml **Gemüsebrühe** dazugeben und mit 1 **Lorbeerblatt** aufkochen. Kartoffeln, Möhren und Romanesco dazugeben. Zugedeckt bei mittlerer Hitze 10 Min. garen. Mettbällchen in die Brühe geben und weitere 2–3 Min. köcheln lassen. 100 g **TK-Erbsen** zugeben und erneut kurz aufkochen. Mit Salz, Pfeffer und **Muskat** würzen. Die bunte Suppe mit **Kressebrot** servieren.

* **Zubereitungszeit:** 30 Minuten **Pro Portion:** 34 g E, 50 g F, 26 g KH = 687 kcal (2877 kJ)

Fischbuletten

Da könnten Ihre Kinder (und Sie selbst) glattweg auf die Fischstäbchen verzichten, so perfekt passen die Bulette und Pommes zueinander

Für 4 Portionen:

- 600 g Seelachsfilet
- 2 Eier (Kl. M, getrennt)
- 3 El Semmelbrösel
- 2 Tl süßen Senf
- 150 g Crème fraîche
- 6 El Milch
- 2 Tl scharfen Senf
- 1 El fein geschnittener Dill
- Salz
- Pfeffer
- Zucker
- 6 El Kartoffelflocken (Instant, für Kartoffelpüree)
- 2 El Öl

1 Seelachsfilet klein schneiden und in 2 Portionen in der Moulinette hacken. In einer Schüssel mit den Eiweißen, Semmelbröseln und 1 Tl süßem Senf mischen. 16 kleine Buletten formen und 10 Min. ins Gefriergerät stellen.

2 Crème fraîche, 5 El Milch, scharfen Senf, 1 Tl süßen Senf und Dill verrühren, mit Salz, Pfeffer und etwas Zucker würzen.

3 Eigelbe mit 1 El Milch verrühren, die Buletten durch das Ei ziehen und in den Kartoffelflocken panieren. In einer beschichteten Pfanne im heißen Öl von jeder Seite 3–4 Min. bei mittlerer Hitze goldbraun braten. Mit der Sauce und Pommes frites servieren.

* **Zubereitungszeit:** 50 Minuten
Pro Portion: 35 g E, 22 g F, 20 g KH = 418 kcal (1752 kJ)

GOLDENE KRUSTE
Der Trick: Buletten erst durch das Ei ziehen und dann mit Kartoffelflocken panieren. Das ergibt eine sensationelle Kruste. Das Geheimnis guter Frikadellen: scharf anbraten und dann milde weitergaren.

Gurken-Apfel-Salat

Alles, was leicht ist: Gurke und Apfel werden mit einem Dressing aus Joghurt und Dill serviert, verfeinert mit einem guten Schuss Sahne

Für 2 Portionen: 1 1 **Salatgurke** mit einem Zestenreißer streifig schälen und in dünne Scheiben hobeln. 1 **Apfel** (z. B. Jonagold) vierteln, entkernen und in feine Spalten schneiden. Von 1 kleinen Bund **Dill** die Spitzen abzupfen und fein schneiden. **2** 75 ml **Schlagsahne** halb steif schlagen. 100 g **Vollmilchjoghurt**, 1 El **Obstessig**, 1 Prise Zucker, Dill, Salz und Pfeffer dazugeben und vorsichtig verrühren, mit Gurken und Äpfeln mischen.

* **Zubereitungszeit:** 15 Minuten **Pro Portion:** 4 g E, 13 g F, 19 g KH = 226 kcal (942 kJ)

Kinderbowle

Für 4–6 Portionen:
250 g **Erdbeeren** putzen und in Scheiben schneiden. 1 **Kiwi** schälen und in Scheiben schneiden. 200 g **Ananas** schälen, Strunk entfernen, Ananas fein würfeln. Alles mit 8–10 El **Waldmeistersirup** und 2 Stielen **Minze** 30 Min. in einer Schale marinieren. Mit 0,7 l **Mineralwasser** auffüllen.

Fruchtiges Kraftpaket

Wagen Sie sich an die Müsliriegel in Eigenproduktion: Mit wenigen Zutaten zaubern Sie diesen gesunden Snack für zwischendurch

Für 14 Stück:

225 g Müslimischung

50 g Haferfleks

30 g Butter

50 g Zucker

100 g flüssiger Honig

1 Tl Zitronensaft

80 g Johannisbeergelee

1 Müsli und Fleks mischen. Butter in einer Pfanne schmelzen. Zucker, Honig und Zitronensaft zugeben und unter Rühren aufkochen. Bei mittlerer Hitze unter Rühren 2 Min. kochen, bis die Masse anfängt zu karamellisieren.

2 Pfanne von der Herdplatte nehmen, Müsli-Fleks-Mischung sorgfältig unterrühren, bis die Masse gleichmäßig vom Karamell überzogen ist.

3 Masse auf ein mit Backpapier ausgelegtes Blech geben, mit Klarsichtfolie bedecken und mit einer Teigrolle zu einer Platte von 25 x 20 x 1,5 cm ausrollen. Die Folie entfernen und die Müslimasse 20 Min. abkühlen lassen.

4 Den Müsliblock mit einem scharfen Messer in 14 Riegel schneiden. Gelee erhitzen, Riegel damit bestreichen und über Nacht trocknen lassen. Zwischen Backpapier in einer fest schließenden Dose aufbewahren.

* **Zubereitungszeit:** 20 Minuten (plus Kühl- und Trockenzeiten)
  Pro Stück: 2 g E, 3 g F, 25 g KH = 138 kcal (580 kJ)

Spinattaschen

Knusprig dank Blätterteig, saftig dank Spinat und Feta – und köstlich durch unser Rezept

Für 2 Portionen: 1 450 g **TK-Spinat** auftauen, gut ausdrücken. 450 g **TK-Blätterteig** nach Packungsanweisung auftauen und auf einer leicht bemehlten Fläche zu 2 Rechtecken von je 40 x 20 cm ausrollen. 200 g **Feta** zerkrümeln, mit 1 El **Olivenöl** und 1 Tl getr. **Oregano** vermischen. 1 mittelgroße **Zwiebel** und 1 **Knoblauchzehe** fein hacken. **2** In einer Pfanne 2 El **Olivenöl** erhitzen. Zwiebeln und Knoblauch bei starker Hitze 1 Min. andünsten. Spinat zugeben und 2–3 Min. mitdünsten. Spinat, Feta und 2 **Eier** (Kl. M) vermischen. Mit **Muskat**, Salz und Pfeffer würzen. **3** Spinatmischung jeweils auf der Hälfte der Teigplatten verteilen, dabei einen Rand von 2 cm lassen. Die Ränder mit 1 verquirlten **Ei** (Kl. M) bestreichen. Den Teig über die Füllung schlagen. Die Ränder mit einer Gabel fest zudrücken, Tasche einstechen und mit 1 **Eigelb** (Kl. M) bestreichen. **4** Auf einem mit Backpapier ausgelegten Blech im vorgeheizten Ofen bei 200 Grad (Umluft 180 Grad) auf der 2. Schiene von unten 20 Min. backen.

* **Zubereitungszeit:** 45 Minuten **Pro Portion:** 46 g E, 96 g F, 82 g KH = 1373 kcal (5753 kJ)

Hähnchen-Spinat-Lasagne

Eine klassische Lasagne macht richtig viel Arbeit. Mit ein paar Tricks (fertiges Hähnchen, Rahmspinat) machen wir uns das Leben leichter

Für 4 Portionen: 1 Fleisch von ½ **Grillhähnchen** (fertig vom Imbiss) abzupfen. 2 **Knoblauchzehen** durchpressen und mit dem Fleisch, 250 g **Béchamelsauce** (Packung) und 200 ml **fettarmer Milch** vermischen. Mit Salz, Pfeffer und **Muskat** kräftig würzen. 450 g **TK-Rahmspinat** nach Packungsanweisung zubereiten. **2** Eine Auflaufform (25 x 15 cm) leicht ausfetten. Den Boden mit ¼ der Hähnchenmischung bedecken. Darauf 3 **Lasagneplatten** legen. Die Hälfte des Rahmspinats und ¼ der Hähnchenmischung darauf verteilen. Wieder Lasagneplatten, übrigen Spinat und ¼ der Hähnchenmischung einschichten. Mit 3 Lasagneplatten abschließen und die restliche Hähnchenmischung darauf verteilen.
3 Im vorgeheizten Ofen bei 200 Grad (Umluft 180 Grad) auf der 2. Schiene von unten 30–35 Min. backen. Nach 15 Min. 100 g geriebenen **Pizzakäse** über die Lasagne streuen und fertig backen. Im ausgeschalteten Ofen 5–10 Min. ruhen lassen, dann servieren.

* **Zubereitungszeit:** 1:10 Stunden **Pro Portion:** 36 g E, 36 g F, 31 g KH = 597 kcal (2500 kJ)

Krautfleckerl

Das Pastagericht ist in gut einer halben Stunde fertig, weil das Hähnchen fertig gegrillt vom Imbiss kommt und Spitzkohl und Nudeln kurz garen

Für 2 Portionen:

- 500 g Spitzkohl
- ½ fertiges Grillhähnchen (vom Imbiss)
- 12 Kirschtomaten
- 2 kleine rote Zwiebeln
- 150 ml Schlagsahne
- 250 g Fleckerlnudeln (oder Farfalle)
- Salz
- 2 El Öl
- Pfeffer
- 1 Tl gehackter Thymian
- 50 g geriebener Bergkäse (oder mittelalter Gouda)

1 Spitzkohl putzen, den Strunk entfernen, Kohl in Stücke schneiden. Hähnchenfleisch von den Knochen lösen und die Haut abziehen. Kirschtomaten waschen. Rote Zwiebeln fein würfeln. Schlagsahne halb steif schlagen.

2 Die Nudeln in reichlich kochendem Salzwasser nach Packungsanweisung garen.

3 Öl in einer Pfanne erhitzen. Spitzkohl mit den Zwiebeln darin bei starker Hitze 4–5 Min. anbraten. Tomaten und Hähnchenfleisch zugeben und 1 Min. weiterbraten. Salzen, pfeffern und Thymian zugeben. Sahne zugeben und 1 Min. bei mittlerer Hitze kochen.

4 Nudeln abgießen und abtropfen lassen. Mit dem Käse zum Kohl geben und alles gut mischen.

* **Zubereitungszeit:** 35 Minuten
Pro Portion: 61 g E, 57 g F, 94 g KH = 1137 kcal (4758 kJ)

Pizzetti

Die schnellste Pizza der Welt: Toast flach rollen, mit leckerem Belag versehen und ab in den Ofen

Für 4 Portionen:

100 g Kasseler Aufschnitt

100 g Butterkäse in Scheiben (ca. ½ cm dick)

150 g Kirschtomaten

1 Bund Schnittlauch

Salz

Pfeffer

4 Scheiben Vollkorn-Sandwichtoast

30 g weiche Kräuterbutter

1 Kasseler und Käse würfeln. Kirschtomaten vierteln. Schnittlauch in feine Röllchen schneiden. Alles mischen und leicht mit Salz und Pfeffer würzen.

2 Toastscheiben mit einer Teigrolle flach rollen und mit Kräuterbutter bestreichen. Auf ein mit Backpapier ausgelegtes Blech legen. Kasseler-Käse-Mischung darauf verteilen und im vorgeheizten Ofen bei 250 Grad (Umluft 220 Grad) auf der 2. Schiene von unten 12–14 Min. backen.

* **Zubereitungszeit:** 25 Minuten
Pro Portion: 12 g E, 14 g F, 13 g KH = 230 kcal (967 kJ)

IMPRESSUM

Redaktion Monika Beer, Susanne Dickerhof-Kranz, Ulrike Hilgenberg, Antje Klein, Silke Propp-Frey, Sandra Rindchen, Wolfgang Robert Zahner
Artdirection Ricarda Fassio
Fotos Matthias Haupt

Rezepte Achim Ellmer (Ltg.), Diane Dittmer, Cornelia Dümling, Anne Haupt, Marion Heidegger, Anne Lucas, Kay-Henner Menge, Oliver Trific

Styling Isabel de la Fuente, Meike Graf, Anke Grelik, Antje Klein, Imke Mohr, Dörthe Schenk, Michaela Suchy, Tanja Trific, Tanja Wegener
Layout Mareike Basche
Bildbearbeitung MWW Repro GmbH; Peter Becker, Würzburg
Projektleitung Alexander Schwerin
Sonderausgabe für den Bassermann Verlag, ein Unternehmen der Verlagsgruppe Random House GmbH, 81673 München

Gesamtherstellung Mohn Media Mohndruck GmbH, Gütersloh
Printed in Germany

FSC
Mix
Produktgruppe aus vorbildlich bewirtschafteten Wäldern und anderen kontrollierten Herkünften
www.fsc.org Zert.-Nr. SGS-COC-001425
© 1996 Forest Stewardship Council

Verlagsgruppe Random House FSC-DEU-0100
Das für dieses Buch verwendete FSC-zertifizierte Papier *Profibulk* wurde produziert von Sappi Alfeld und geliefert durch die IGEPA.

ISBN 978-3-8094-2677-6
817 2635 4453 6271